POMBAL

OU

LUTTE ENTRE L'ESPAGNE ET LE PORTUGAL

EN 1775, 1776 1777

PAR

LOUIS GUIRONDET

AVOCAT, ANCIEN MAGISTRAT

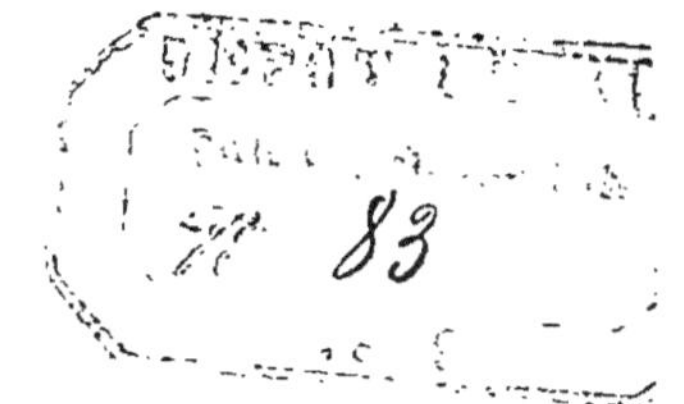

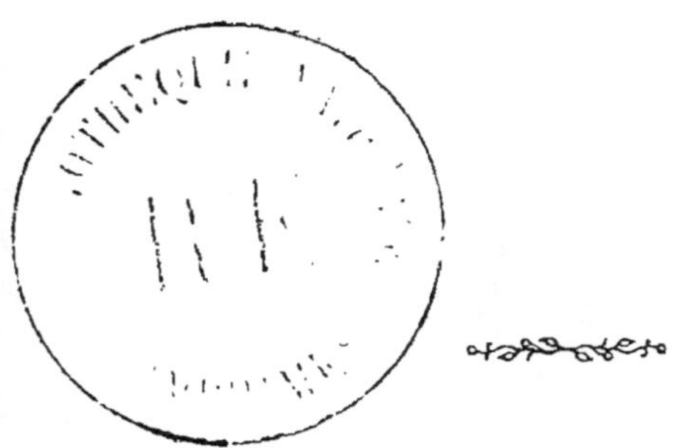

MONTAUBAN

TYPOGRAPHIE DE VICTOR BERTUOT

PLACE NATIONALE, 9

—

1872

POMBAL

ou

LUTTE ENTRE L'ESPAGNE ET LE PORTUGAL

I

Louis XV descendit dans la tombe, laissant la France avilie dans ses relations diplomatiques. Louis XVI se débarassa du duc d'Aiguillon, ministre du roi mort, et confia au comte de Vergennes le département des affaires étrangères. Resserrer le pacte de famille entre les Bourbons d'Espagne et ceux de France, opérer une ligue de tous les pavillons contre celui de l'Angleterre, prévenir sur le continent des guerres dans lesquelles la France aurait été obligée d'intervenir, tel était le but que de Vergennes se proposait.

Pour que son plan fût couronné de succès, il fallait amener le roi de Portugal à contracter une alliance avec l'Espagne. C'était chose difficile.

Il y avait alors à la cour de Lisbonne un ministre qui, né d'une famille sans fortune, était arrivé au pouvoir par des manœuvres hypocrites et qui s'y maintenait, en marchant dans le sang et en tenant le roi Joseph en tutelle.

Nous voulons parler de Sébastien Carvalho, comte d'Oyeras, marquis de Pombal.

Ce ministre ne manquait pas de talents administratifs. Il cherchait même à soustraire le peuple Portugais au vasselage commercial de l'Angleterre ; mais il avait conçu le dessein d'en créer un au profit du Portugal sur les côtes d'Afrique, et d'amoindrir la souveraineté de l'Espagne dans l'Amérique Méridionale.

Ses vues contrariaient celles du comte de Vergennes qui dut opposer un langage ferme et une habileté remarquable à l'orgueil et à la dissimulation de Pombal.

Pour terminer les différends qui existaient entre le Portugal et l'Espagne sur la limite de leurs possessions respectives en Amérique et en Asie, la cour de Lisbonne avait conclu un traité avec celle de Madrid, le 3 janvier 1750.

Trompée par Gomez d'Andrada, qui représentait le Paraguay comme couvert de mines d'or, elle avait consenti à céder à l'Espagne la belle colonie du Saint-Sacrement avec la navigation de la rivière de la Plata, en échange des sept Aldées situées entre le bord septentrional de l'Ybiari et le bord occidental de l'Uraguay. Le Portugal avait abandonné un pays fertile pour une terre condamnée à la stérilité. Les mines d'or n'étaient qu'une fable. Aussi ne pouvait-il dissimuler les regrets que lui causait la cession du Saint-Sacrement. Le traité du

12 février, 1761, lui restitua cette importante colonie et rétablit les limites en Amérique et en Asie dans le même état où elles étaient avant celui de 1750 qui resta comme non avenu. L'avidité, sans frein, et l'orgueil, sans mesure, de Carvalho devaient ravir au Portugal les avantages qui lui avaient été garantis.

Des négociations amiables étaient suivies entre les cours de Lisbonne et de Madrid pour arrêter définitivement les limites du Brésil. Mais la première affectait des lenteurs qui pouvaient faire concevoir des doutes sur sa bonne foi et forcer la seconde à se procurer par la force des armes une satisfaction qu'il lui était impossible d'obtenir par les voies pacifiques. Le roi de France offrit ses bons offices pour maintenir la paix et la concorde entre les deux cours. Pombal les déclina.

Il espérait se rendre maître de la négociation en la concentrant à Madrid. Il se trompait. Le roi d'Espagne était trop animé et trop pressé d'en finir pour admettre des longueurs et encore moins pour se plier aux caprices des Portugais. Le ministère de Madrid serrait de près Pombal : mais celui-ci comptait sur l'assistance de l'Angleterre. Il calculait mal ; il le comprit. Tout fit espérer qu'il prendrait enfin conseil de l'isolement où était le Portugal et qu'il aviserait, d'une manière sérieuse, aux moyens de prévenir par une composition amiable les effets fâcheux que pourrait entraîner son mauvais vouloir.

L'ambassadeur Portugais en Espagne reçut de Lisbonne les droits les plus amples pour traiter, de gré à gré, le fond de la contestation qui subsistait entre les deux cours. Les choses se trouvaient ainsi en règle, quant à la forme, et il n'y avait plus de rupture prochaine à craindre entre le Portugal et l'Espagne.

Il restait à voir quelle marche Pombal croirait devoir tenir, soit pour éluder, soit pour faire de bonne foi un accommodement définitif. Quelles que pussent être les intentions et les vues de ce ministre, il n'était pas en mesure de jouer et de tromper le cabinet Espagnol. Il avait trop levé le masque pour qu'on ne le connût pas parfaitement et pour qu'on ne se tint pas en garde contre ses finesses et ses subtilités.

Afin de retarder l'issue de la négociation, Pombal eut recours à la ruse, son arme favorite. Il se rapprocha de M. de Blosset, ambassadeur français en Portugal, et lui insinua que le marquis de Grimaldy, ministre espagnol, s'ingéniait à embarasser la marche des affaires par les difficultés sans nombre qu'il soulevait et à conduire ainsi les choses à une rupture. Il lui témoigna le désir de faire régler les différends entre l'Espagne et le Portugal par les cabinets de Londres et de Versailles.

Il y avait bien peu de temps qu'il avait décliné les bons offices de ces deux cabinets. N'avait-il pas voulu terminer de cour à cour et sans aucune entremise étrangère ? D'où venait un changement aussi notable dans sa façon de penser ? Tout cela n'était qu'un jeu pour amuser le comte de Vergennes qui ne s'y laissa pas prendre ; car il appréciait à sa juste valeur les déclarations de Pombal, c'est-à-dire qu'il n'y croyait pas. Il vit dans les insinuations malveillantes du ministre Portugais contre le marquis de Grimaldy et dans ses ouvertures à M. de Blosset le dessein de semer la défiance entre le cabinet Espagnol et celui de Versailles. Il ferma l'oreille aux paroles insidieuses de Pombal et se montra très-circonspect. Il recommanda à M. de Blosset d'user de beaucoup de réserve.

De Vergennes ne s'était pas mépris sur les manœuvres de Pombal. Les évènements lui donnèrent raison.

Le ministère Portugais avait envoyé des forces assez considérables au Brésil. Pour les augmenter, il avait ordonné, à Minas-Geraes, une levée de mille hommes. L'ile Sainte-Catherine, clé du Brésil méridional, avait été approvisionnée en munitions de toute espèce, et les commandants Portugais, soit qu'ils en eussent reçu l'ordre, soit qu'ils ne prissent conseil que d'eux-mêmes, commettaient, chaque jour, de nouvelles hostilités contre les établissements espagnols. (juillet 1775).

Deux vaissaux portant le pavillon de l'Espagne avaient été arrêtés ; quelques peuplades des missions espagnoles sur la frontière du Brésil avaient été l'objet d'injustes attaques ; les Indiens et les Espagnols, faits prisonniers, avaient subi un transfèrement en Europe. Cet incident inattendu, alors que l'on négociait, excita le mécontentement du roi d'Espagne qui refusa d'aller plus loin, (février 1776) jusqu'à ce que l'injure faite à ses troupes et à son pavillon eût été réparée d'une manière convenable.

Le parti le plus sage pour Pombal était d'engager le roi, son maître, à désavouer l'acte du gouvernement du Brésil et à fournir à la cour de Madrid, de bonne grâce et sans retard, la satisfaction qu'elle demandait. La matière était trop sérieuse pour être susceptible de subterfuges et de lenteurs. Le ministre Portugais ne descendit pas au fond des choses.

Il prétendit qu'il avait ignoré l'arrivée des prisonniers espagnols emmenés du Brésil : c'était une ruse puérile que l'Espagne accueilit avec mépris. Il assura que les actes d'hostilité dont se plaignait la cour de Madrid étaient antérieurs aux ordres envoyés au Brésil par celle de Lisbonne de ne rien entreprendre contre les Espagnols : Il n'était pas sincère.

Si les Portugais s'étaient bornés à tenter quelque entreprise contre le territoire espagnol, Sa Majesté catholique aurait pu la dissimuler, en ne l'envisageant que comme une rixe particulière · mais il n'en était pas de même de l'insulte faite au pavillon de l'Espagne en pleine mer, et dans un moment où la paix était censée régner entre les deux puissances. C'était une injure aussi réelle que grave, et la cour de Lisbonne ne pouvait se dispenser de la réparer de quelque manière que ce fût, à moins qu'elle ne voulût faire supposer qu'elle avait été l'effet de ses ordres immédiats. Dans ce cas, l'injure devait être considérée comme une déclaration formelle de guerre dont le Portugal devait courir tous les hasards.

Pombal crut sortir d'embarras en réclamant, par l'intermédiaire de M. de Souza, ambassadeur Portugais en France, la médiation de Louis XVI et celle de la Grande Bretagne, et en proposant un congrès à Paris pour terminer tous les différends entre l'Espagne et le Portugal. Le roi de France donna connaissance des démarches de Pombal au roi d'Espagne qui ne les repoussa pas ; mais, avant tout, la cour de Madrid exigeait une satisfaction. A cet égard elle était inébranlable.

C'est en vain que Pombal se flattait de l'éluder par des raisonnements et des lenteurs. Plus il tardait à se mettre en règle sur ce point, plus il aigrissait sa Majesté catholique et son ministère, et plus il éloignait l'arrangement définitif que l'intérêt de son souverain devait lui faire désirer avec ardeur. Le roi d'Espagne pouvait prendre une résolution extrême en voyant, à chaque pas, la mauvaise volonté du Portugal se reproduire sous une nouvelle forme.

Les ministres anglais pensaient comme ceux de France, et l'Angleterre ne paraissait pas disposée à soutenir une querelle dont elle n'avait à tirer aucun avantage.

Il y avait donc lieu d'espérer que la cour de Lisbonne se déterminerait à satisfaire Sa Majesté catholique et qu'on reprendrait les errements de la négociation entamée à Madrid. Mais Pombal faisait disparaître tout espoir d'accommodement.

Au lieu d'un désaveu formel des faits dont se plaignait l'Espagne, il répondit par des récriminations aussi vagues que déplacées et des raisonnements à perte de vue pour justifier la conduite du gouverneur de Rio-Janeiro et des gardes-côtes du Brésil. Ce n'était pas adroit. En se rendant de bonne grâce au désir de l'Espagne, il n'aurait fait qu'un acte de justice sans compromettre ni l'honneur, ni la dignité, ni les droits de sa Majesté Portugaise, tandis que ses faux fuyants et ses refus étaient de nature à irriter le roi catholique et à faire éclater un feu qui ne couvait déjà que trop fortement sous la cendre. Il ne voulut pas prendre ce parti qui était le plus simple et le plus naturel.

M. de Vergennes s'en expliqua avec l'ambassadeur Portugais qui parut pénétré de ce qui lui était dit et qui promit d'en rendre le compte le plus fidèle à sa cour.

Celle-ci ne s'y arrêta pas. Sans formuler un refus, elle ne s'empressait pas de faciliter un arrangement. Les préparatifs de tout genre, qui se faisaient dans les différents points du Portugal, prouvaient, au contraire, qu'elle ne voulait pas remplir un préliminaire qui avait été reconnu indispensable à la médiation non-seulement par le roi de France et son conseil, mais encore par le cabinet Britannique.

M. de Blosset reçut ordre d'ouvrir les yeux à Pombal sur le danger de sa conduite et sur les suites fâcheuses que, sans aucun doute, elle entraînerait. Pombal s'obstina, et l'Espagne arma de son côté pour obtenir par la force des armes le redressement des torts que la cour de Lisbonne avait à s'imputer.

Le ministre Portugais jugea à propos de se glisser auprès de M. de Blosset. Il le berça de l'espoir d'établir avec la France des relations commerciales sur le pied de celles que le Portugal entretenait avec la Grande-Bretagne.

Commençait-il à voir qu'il était urgent d'accorder à l'Espagne la satisfaction qu'elle réclamait, et dont vraisemblablement elle ne se départirait pas, pour les deux vaisseaux de commerce arrêtés et conduits dans les ports du Brésil ? Voulait-il capter la cour de Versailles par des espérances dont il n'était pas dans ses principes de procurer l'effet ? Sentait-il que la liaison exclusive avec l'Angleterre était nuisible aux intérêts du Portugal et à la dignité de la couronne; que n'avoir qu'un seul ami, c'était le rendre nécessaire, se soumettre à sa dépendance et l'inviter à la tyrannie ? comprenait-il que, si l'alliance de la Grande-Bretagne était utile au Portugal, pour l'aider en cas de guerre, l'amitié de la France devait l'être également, parce qu'elle seule pouvait empêcher l'Espagne de l'attaquer, ce qui était bien plus important pour le Portugal qu'un secours presque toujours tardif et jamais gratuit ?

Quoiqu'il en soit, Pombal fit passer à M. de Souza, par la voie de l'Angletere, un mémoire tendant à articuler la satisfaction que l'Espagne demandait. Ce mémoire ne contenait aucun mot qui énonçât le désaveu de l'entreprise faite par des officiers portugais contre des bâtiments espagnols. La seule apparence de réparation était la promesse d'indemniser le commerce des dommages qu'il avait pu souffrir.

De Vergennes ne dissimula point à M. de Souza que le roi catholique ne s'en contenterait pas; et il lui proposa quelque addition; 1º de déclarer que ces bâtiments avaient été saisis et détenus au Brésil contre la volonté de Sa Majesté très fidèle et sans ses ordres ; 2º d'annoncer qu'on était disposé à faire punir ceux des officiers qui avaient violé la paix subsistant entre les deux couronnes.

Cette addition était propre à concilier les deux puissances et à mettre un terme à un incident qui n'avait été que trop prolongé. Il était permis de croire que, si la proposition nouvelle de Pombal était de nature à être agréée par Sa Majesté catholique, ce prince, malgré les délais, les subterfuges du cabinet de Lisbonne, ne se montrerait pas trop rigoureux, et que l'amour de la paix l'emporterait sur son ressentiment, pourvu que l'honneur de son pavillon fut réparé d'une manière convenable.

Le ministre d'Angleterre communiqua à celui de France un nouveau projet de déclaration satisfactoire que proposa Pombal. Ce projet était illusoire et insignifiant. 1° Pombal avançait que le Portugal aurait été informé, en quelque sorte par cas fortuit, d'un nouveau sujet de plainte, émanant de la cour de Madrid, et fondé sur des avis postérieurs à l'expédition des ordres transmis, dans les mois de novembre 1775 et de janvier 1776, aux gouverneurs du Sud du Brésil. Mais le ministre Portugais savait bien que la plainte avait été directement du marquis de Grimaldy à M. de Souza et qu'elle était étrangère à la querelle des limites, puisqu'elle portait sur une hostilité commise en mer. 2° Pombal semblait vouloir se décharger de la satisfaction sur les médiateurs ; mais, avant tout, l'Espagne exigeait cette satisfaction que le Portugal seul pouvait et devait donner. Le rôle des médiateurs se bornait à la lui conseiller et à la retarder le moins possible. 3º On ne lisait pas dans le nouveau projet un mot qui indiquât l'idée du fait à réparer. Pombal s'y étendait dans des assurances générales et fort vagues de bonnes intentions ; la cour de Lisbonne désapprouvait tout ce qui aurait pu être contraire à ses principes et à la pureté de ses ordres. Tout cela ne disait rien. Si le Portugal voulait en finir, il fallait commencer par articuler le grief dont se plaignait l'Espagne, le désavouer hautement et convenir avec cette couronne des moyens satisfactoires. Le gouvernement Français ouvrait une route décente au Portugal ; c'était à lui d'y entrer. Le plus tôt était le mieux ; car, pour vouloir trop biaiser et hésiter, le Portugal s'exposait à rompre. « Je n'ai aucun droit à la con-« fiance de M. le marquis de Pombal, écrivit « M. de Vergennes à M. de Blosset ; mais s'il « peut en prendre dans les avis d'un homme « qui n'a pas de plus grand intérêt que le main-« tien de la tranquillité générale et dont tous « les principes se rapportent à contribuer à la féli-« cité publique, je ne puis trop l'exhorter à aban « donner, et très incessamment, les amphibolo-« gies à la faveur desquelles il croit échapper. « Le temps des délais est épuisé. Q'il considère « la situation présente des affaires, celle des

« cours et des nations, et qu'il voie s'il veut en-
« trer dans un engagement sérieux avec l'Espa-
« gne. Le moment peut en être bien prochain, s'il
« ne va pas par une marche plus simple et plus
« franche au but que sa sagesse peut et doit se
« proposer. »

Les tentatives de M. de Blosset auprès de
Pombal restèrent sans résultat. Le ministre Portugais, aveuglé par l'orgueil, continua ses ar-
mements et ses préparatifs de guerre. Il pouvait
allumer un incendie, en poussant à bout le roi
d'Espagne. Le voulait-il ? les événements qui
survinrent sont de nature à le faire croire.

II

Le bruit parvint à Madrid que de nouvelles hostilités avaient été commises sur le Rio Grande par les Portugais. L'impression que ce procédé inouï fit sur l'esprit du roi d'Espagne suspendit tous les pourparlers diplomatiques.

Quel faux fuyants emploierait Pombal pour pallier sa perfidie ? Quel jugement la cour de Londres porterait-elle sur la conduite atroce de ce ministre ? L'honneur et la gloire du monarque espagnol exigeaient que ce prince tirât une vengeance éclatante des actes inconcevables du Portugal. Cependant la cour de Madrid ne précipita rien. Avant de se laisser aller à l'impulsion de son juste ressentiment, elle attendit que Pombal s'expliquât.

Le ministre Portugais fit en effet une démarche pour disculper sa conduite ; mais, fidèle à son système de mensonge et de ruse, il eut recours aux sophismes. Il avança que l'ordre de suspendre toute hostilité n'était pas encore parvenu au Brésil, à la date du 1er avril 1776; qu'il était persuadé que le gouverneur de Rio-Janeiro, après avoir reçu l'ordre, s'était de suite concerté avec les gouverneurs espagnols pour remettre les choses en leur premier état. Une infidélité assez remarquable servait de base à ce langage.

Le 10 décembre, 1775, Pombal avait fait assurer positivement la cour de Madrid que les ordres dont il s'agit étaient déjà partis par un bâtiment exprès. Pris dans un piége, il avait convenu, par une lettre adressée à l'ambassadeur Portugais à Madrid, qu'ils n'avaient été expédiés qu'en janvier, 1776, en conséquence de la reversale de M. de Grimaldy du 22 décembre. Sa supercherie était évidente ; il ne lui était pas possible de la justifier.

D'après cela quels fondements le roi catholique pouvait-il asseoir sur les assertions de Pombal ? Comment persuader à ce prince qu'il devait se contenter des restitutions qu'on supposait avoir été faites par les gouverneurs Portugais ? Le rapprochement des deux cours n'était pas facile.

La France faisait des efforts pour arrêter les

progrès de l'incendie ; elle tâchait de calmer l'Espagne, tandis que, de son côté, la cour de Londres, qui paraissait à cet égard dans les mêmes principes que celle de Versailles, promettait de faire sentir à son allié l'urgence de satisfaire Sa Majesté catholique.

Mais la Grande-Bretagne était-elle sincère ? Il est permis d'en douter. Il y a plutôt lieu de croire que Pombal comptait sur son assistance dans le cas où l'Espagne attaquerait le Portugal. L'Angleterre était derrière lui : elle avait soin toutefois de masquer son action.

Pombal se jetait inconsidérément dans un embarras dont la nation Portugaise pouvait être victime. C'était peine perdue que de tenter encore de ramener ce ministre par des raisonnements qu'il avait méprisés jusqu'alors.

Un grand mouvement régnait dans la marine et dans les troupes d'Espagne. Il était naturel qu'il donnât l'éveil à Pombal. La réponse du roi catholique aux pièces prétendues justificatives du ministre Portugais avait acculé la cour de Lisbonne dans une impasse qui la forçait à découvrir ses intentions et ses vues. Il était facile de les apprécier par les envois qu'elle continuait de faire au Brésil, et on était autorisé à lui supposer le projet de maintenir l'état de guerre dans lequel les deux parties se trouvaient par les agressions sur le Rio-Grande.

Les usurpations commises en dernier lieu par

les Portugais n'étaient pas restituées. Les troupes de Sa Majesté très-fidèle, au lieu d'effectuer la retraite dont avait parlé Pombal, s'avançaient au contraire, vers les possessions espagnoles au Paraguay. Cette conduite n'avait pas plus besoin de commentaire que le langage par lequel le cabinet de Lisbonne cherchait à la céler. Tout indiquait que la querelle serait vidée par le sort des armes,

Malgré les conseils de M. de Walpole, Pombal prit son parti. Ce n'était pas celui de la raison et de la justice. Il ne pensait pas, sans doute, que ces conseils fussent sérieux ; car il ne se serait pas permis la levée de boucliers que sa sorte d'agir annonçait. Il était persuadé d'avoir l'aveu secret des ministres Anglais, s'il ne l'avait pas d'une manière positive.

M. de Blosset essaya de lui montrer l'abime où il paraissait vouloir se précipiter. La France avait un intérêt réel à prévenir les maux que la fausse politique du cabinet de Lisbonne pouvait entraîner après elle. Pombal mit à découvert ses dispositions : Il était enfin démasqué.

Dans les conjonctures où il avait placé son souverain relativement à l'Espagne, il attira en Portugal des officiers étrangers qui avaient des talents et de l'expérience.

Il chercha à réaliser le projet qu'il avait conçu depuis trois ans d'envoyer un ministre à la cour de Saint-Pétersbourg pour faire entrer, sans doute, dans ses plans l'empereur de Russie. Cela lui était suggéré par le ministère Anglais qui n'était pas en état de servir le Portugal d'une manière active, à cause des embarras que la Grande-Bretagne avait dans l'Amérique septentrionale.

Des enrôlements forcés furent faits. Une nouvelle levée de troupes fut ordonnée. Cette levée ne pouvait pas s'opérer sans nuire aux manufactures Portugaises puisqu'on leur enlevait les bras dont elles avaient besoin. Mais la position des choses était telle que Pombal devait s'occuper sérieusement des moyens nécessaires pour soutenir la lutte. Tout portait donc à croire que l'augmentation des troupes dont il s'agissait n'était pas simulée, quelque onéreuse qu'elle fût pour les finances et la population portugaises.

Pombal eût voulu associer à ses idées les trois puissances qui avaient dépouillé la Pologne. Mais il n'était pas vraisemblable que ces puissances se prêtassent à ses vues : elles étaient intéressées à ne pas allumer une guerre en Europe ; elles sentaient le besoin de la paix pour consolider leur œuvre inique. L'Angleterre condamnait bien la conduite des ministres portugais; mais celui-ci ne perdait pas l'espoir que la Grande-Bretagne volerait au secours du Portugal, lorsqu'elle le verrait sérieusement menacé. C'était une illusion.

La cour de Londres était engagée dans une

guerre dispendieuse et dont la durée était aussi incertaine que l'issue. Elle aurait été maladroite de multiplier ses embarras et de provoquer des puissances dont le moindre mouvement pouvait accélérer la ruine de ses affaires en Amérique.

Le Portugal, par le fait, était isolé : seul, il ne pouvait lutter avec avantage contre l'Espagne. La France était dispensée de venir au secours de son alliée. Elle était néanmoins prête à l'appuyer de ses forces dans le cas où la Grande-Bretagne interviendrait dans la querelle.

Les évènements tirèrent Pombal de sa folle présomption.

Au mois de novembre, 1776, une flotte Espagnole considérable, chargée de troupes, d'armes et de munitions, fit voile pour l'Amérique sous le commandement de don Pedro Cevalos. De son côté le ministre Portugais ne s'endormit pas. Il pressa les préparatifs nécessaires pour balancer les forces que les Espagnols avaient envoyées en Amérique ; mais le pouvoir était au moment de lui échapper.

Dans les premiers jours de novembre, 1776, le roi de Portugal, dont la santé était chancelante, éprouva une crise qui ne tarda pas à inspirer des craintes sérieuses. Le 23, il déclara la reine son épouse, régente du royaume. Le crédit de Pombal parut affaibli ; les dispositions de Joseph étaient, disait-on, contraires aux vœux secrets de ce ministre. La reine douairière n'avait aucune confiance en lui.

Cependant le nouvel état de choses ne produisit aucun changement à l'égard des affaires du Brésil. Tout se bornait à des démonstrations d'amitié envers le roi d'Espagne, de la part de la régente, sa sœur, qui était obligée de compasser ses démarches ; car Pombal surveillait les actes de cette princesse qui ne pouvait se livrer, sans réserve, à des sentiments affectueux.

La santé du roi sembla s'améliorer, et Pombal ressaisit toute son influence. L'espoir d'un accommodement volontaire et amiable s'évanouit; le sort des armes devait décider des prétentions respectives.

Les troupes portugaises étaient sur le 'Rio Grande en pleine activité. Il était à craindre qu'elles ne profitassent de leur nombre pour se procurer des avantages ; mais l'Espagne calculait que l'arrivée de Cevalos changerait la face des choses, et que les manœuvres de cet officier général rejetteraient les Portugais dans leurs possessions légitimes. Elle ne se trompait pas.

Toutes les places dont les Portugais s'étaient emparés tombèrent au pouvoir des Espagnols qui se rendirent, en outre, maîtres de l'île importante de Sainte-Catherine et de la colonie du Saint-Sacrement.

La cour de Madrid obtenait par les armes la

réparation que l'orgueil de Pombal lui avait re-
fusée.

Pendant que Cevalos vengeait l'honneur de
son pays, le roi Joseph se sentait mourir. Le 20
février, 1777, il désira être témoin du mariage
de l'infante Bénédictine, sa fille, avec le prince
de Beira, son petit fils. Ce mariage, œuvre sans
doute de la politique de Pombal à qui l'on supposait le dessein de placer le prince de Beira sur
le trône au préjudice des droits de sa mère, fut
célébré, le 21 février, dans l'appartement du roi.

Joseph mourut le 24. Le projet du ministre
échoua ; Marie, épouse de don Pedro, prit les
rênes du gouvernement.

Il était présumable que la nouvelle reine ne
marquerait pas les débuts de son règne par une
guerre injuste contre le roi d'Espagne, son oncle, et que son intention était de se soustraire à
la tutelle de Pombal ; elle lui portait trop de
haine et surtout son époux. Il était prudent toutefois qu'elle ne se privât pas tout à coup des
lumières et des connaissances d'un homme qui
dirigeait, depuis tant d'années, exclusivement
et avec un pouvoir presque illimité, toutes les
parties de l'administration Portugaise. L'éloi-
gnement de ce ministre devait se préparer par
degré.

M. de Vergennes recommanda à M. de Blosset de suivre attentivement toutes les phases
qui signaleraient le discrédit de Pombal, de se

procurer un entretien avec la reine Marie ou avec les personnes qui avaient sa confiance, et d'insinuer que la cour de Versailles, par une suite de l'intérêt qu'elle prenait au Portugal, verrait avec plaisir sa Majesté très-fidèle adopter des vues pacifiques et préférer un accommodement amiable avec le roi, son oncle, aux horreurs de la guerre que son ministre s'efforçait d'allumer.

Pombal éprouvait des dégoûts. Il avait à subir les rancunes de la reine Marie et de don Pedro et celle des grands seigneurs Portugais. Sa position était difficile et désagréable pour un caractère aussi fier que le sien. « Elle le devint en- « core plus, lorsque la reine eût mis en liberté « ou rappelé tous ceux qu'il avait fait exiler ou « renfermer dans les prisons pendant le cours « de son long ministère, et qu'il se vit exposé à « se trouver fréquemment en présence de ses « nombreuses victimes. Après avoir tenu tête à « l'orage pendant quelque temps, il se déter- « mina, le 4 mars, 1777, à donner la démission « de tous ses emplois ; elle fut acceptée. On lui « accorda avec empressement la permission de se « retirer à Pombal, comme il l'avait demandé. La « reine lui conserva néanmoins son traitement « de secrétaire d'Etat, et elle y joignit même « une commanderie de l'ordre du Christ » (1).

(1) Schœffer. — *Hist. du Portugal.*

Les circonstances paraissaient favorables pour rétablir la bonne harmonie entre les cours de Madrid et de Lisbonne. Renoncer au système de Pombal, proposer au roi d'Espagne de remettre les choses sur le pied où elles étaient, lorsque la médiation avait été offerte à l'Angleterre et à la France, recourir en un mot, avec un entier abandon, à ce prince, c'était engager celui-ci à faire cesser les mesures de rigueur qu'il avait été dans la nécessité de prendre et à renouer la négociation qu'avaient rompue les actes hostiles du Portugal sur le Rio Grande.

La reine Marie connaissait trop la tendre amitié que lui portait le roi catholique pour ne pas être persuadée d'avance que sa démarche serait bien accueillie, si elle avait surtout un caractère de sincérité, et que son oncle ne se montrerait pas rigoureux sur les moyens de ramener la concorde entre lui et une princesse à laquelle il était lié si étroitement. En faisant les premières avances, la reine très-fidèle blessait d'autant moins sa délicatesse et sa dignité qu'elle pouvait mettre sur le compte de Pombal la conduite irrégulière et indécente que la cour de Lisbonne avait tenue jusqu'alors, et qu'elle ne devait se faire aucun scrupule de désavouer ce ministre qui avait pris à tâche d'allumer le feu d'une guerre odieuse entre les deux puissances.

La cour de Versailles donnait ces conseils.

M. de Blosset les fit parvenir à celle de Lisbonne par le canal de M. de Walpole : mais la bonne foi de l'ambassadeur Britannique était trop douteuse pour que M. de Blosset continuât à le mettre dans sa confidence. Il n'était pas sûr que la cour de Londres ne variât pas dans ses principes relativement aux affaires du Brésil et quelle voulut concourir désormais avec la France à la conversion du Portugal. Cette incertitude mettait l'ambassadeur français dans le cas d'être circonspect et d'user de réserve envers la Grande Bretagne jusqu'à ce que la façon de penser de celle-ci fut mieux développée.

Le vicomte Ponte-Lima avait remplacé Pombal au département de l'intérieur. Il était ennemi de l'Espagne ; il se montrait contraire à la réconciliation des cours de Madrid et de Lisbonne. Quoiqu'il n'eut pas l'influence de son prédécesseur, il attisait le feu. Par son entêtement l'état des choses entre l'Espagne et le Portugal touchait à son point de crise. L'Angleterre jouait un rôle équivoque ; son ambassadeur avait des entretiens secrets avec le nouveau ministre, comme il en avait eu avec l'ancien. Ce fait était de nature à rendre suspectes les dispositions que la Grande-Bretagne avait montrées pour le maintien de la paix.

Il n'y avait pas de temps à perdre.

M. de Blosset eut avec M. de Sà, ministre des affaires étrangères, un entretien confidentiel qui détermina la reine de Portugal à manifester ses dispositions pacifiques au roi d'Espagne par le canal de la reine douairière. Les deux cours tendaient donc à se rapprocher d'elles-mêmes, et elles se mettaient en mesure de traiter directement.

Cette marche était la meilleure parce que l'amitié, la tendresse et la confiance réciproques étaient la base de leurs propositions et qu'il était ainsi plus aisé de faire des sacrifices mutuels qui, peut-être, n'auraient été ni dans le pouvoir, ni dans la volonté des médiateurs. La voix des médiations aurait, en outre, été longue, incertaine et embarrassée de difficultés résultant soit même de la chose, soit des affections, des vues et des principes des cours médiatrices.

La reine très-fidèle témoigna le désir que le monarque français, à l'exclusion de l'Angleterre, terminât le différend ; mais Sa Majesté très-chrétienne ne pouvait y répondre parce que ses liaisons intimes avec l'Espagne s'y opposaient, et aussi parce que la cour de Londres aurait eu le droit de s'en formaliser.

« Nous sentons, manda M. de Vergennes à M.
« de Blosset, que la cour de Lisbonne ne saurait
« sans inconvénients se mettre mal avec les An-
« glais ; c'est là l'effet nécessaire des alliances
« isolées. En entretenant confidemment sur cette
« matière le ministre Portugais, vous lui ferez
« connaître notre façon de penser à cet égard, et

« vous pourrez lui ajouter que nous voyons par-
« faitement bien les liens qui attachent et qui
« doivent attacher le Portugal à la Grande-
« Bretagne, et que nous n'aurons jamais la pen-
« de vouloir les rompre ; mais que la gêne et
« l'espèce d'assujétissement qui en résultent sont
« un motif bien puissant pour la cour de Lis-
« bonne de multiplier ses relations et ses amis ;
« que, si elle en a pour la secourir et la protéger
« dans le besoin, il est tout aussi important pour
« elle, et peut-être même davantage, d'en avoir
« qui puissent lui donner un autre genre de sé-
« curité, celle de n'avoir aucune attaque à crain-
« dre. Nous nous trouvons seuls dans cette po-
« tion avantageuse.

« Nous ne pouvons pas, il est vrai, assister le
« Portugal contre l'Espagne ; mais nous som-
« mes en mesure de prévenir et de détourner
« les coups que cette dernière puissance pour-
« rait avoir l'intention de porter à la première.

« Il est donc de l'intérêt de la cour de Lis-
« bonne, et même d'un intérêt majeur, qu'elle
« cherche à se rapprocher davantage de nous.
« Elle donnera par là infiniment plus de con-
« sistance à sa position politique, en même temps
« qu'elle ferait le bien de son commerce sur
« lequel les Anglais exercent le monopole le plus
« absolu. Nous sommes persuadés que ces ré-
« flexions, adroitement ménagées feront impres-
« sion sur M. de Sà et qu'elles pourront dans la

« suite opérer un changement salutaire dans le
« système politique que le Portugal à suivi jus-
« qu'à présent. »

Le roi d'Espagne envoya une réponse satis-
faisante à la lettre qu'il avait reçue de la reine
douairière. Des instructions et des pleins pou-
voirs furent adressés en conséquence à M. de
Souza afin d'acheminer les choses vers un prochain accommodement. M. de Sà communiqua
confidentiellement à M. de Blosset les démarches de sa Majesté très-fidèle. De Walpole n'é-
tait pas dans le secret. La tournure que prenaient
les affaires du Brésil n'exigeait plus aucun con-
cert entre l'ambassadeur Français et celui de
la Grande-Bretagne. Le premier se tenait sur la
réserve à l'égard du second. Si de Walpole était
instruit de l'état des choses, il l'était par le canal
de M. de Mello. Mais ce dernier n'était pas plei-
nement au fait des intentions et des démarches
de sa souveraine.

M. de Souza avait été autorisé à entrer en négociation sur les différends qui divisaient les
deux cours. Toutefois cet ambassadeur n'avait
encore rien proposé qui pût servir de base à un
accommodement.

On ignorait à Lisbonne la prise de l'île Sainte-
Catherine ; on ne tarda pas à en être informé.
La nouvelle de ce succès de l'Espagne était un
véhicule de plus pour porter enfin la reine très-
fidèle à expliquer ses intentions. L'échec était

mortifiant sans doute pour le Portugal. Les officiers chargés de la défense de Sainte-Catherine s'étaient conduits avec tant de lâcheté ! Don Pedro, qui n'aimait pas trop l'Espagne, éprouvait de la perte de cette île une si grande peine qu'il était à craindre que les dispositions pacifiques de la reine, son épouse, ne fussent entravées. Il n'en fut rien pourtant. Cette princesse s'arrêta au véritable point de vue. L'honneur de sa couronne et sa gloire n'étaient pas compromis. La conquête de Sainte-Catherine n'était qu'une suite naturelle de la témérité de Pombal qu'elle avait désavoué, en l'éloignant de sa confiance.

C'est, au reste, dans ce sens que s'expliqua M. de Vergennes avec M. de Souza, lorsque celui-ci lui annonça officiellement que Don Pedro avait pris le titre de roi. Tout d'abord l'ambassadeur fut alarmé. Il craignait que la prise de Sainte-Catherine n'amenât, à la cour de Lisbonne, une réaction contraire au rétablissement de la paix. M. de Vergennes le rassura. Il lui fit en outre observer, et M. de Souza le comprenait bien, que le Portugal, à qui la paix était indispensable, devait songer moins à acquérir et à conserver des terrains litigieux qu'à convenir d'une limitation assez franche, pour que, désormais, aucun différend ne survînt. Il lui insinua qu'il fallait que la cour de Lisbonne se înt en garde contre les paroles insidieuses des

Anglais dont les intérêts, dans cette rencontre, pouvaient n'être pas les mêmes que ceux du Portugal.

M. de Sà avait envisagé l'affaire comme le comte de Vergennes.

La négociation fut précédée d'un armistice auquel le roi d'Espagne donna les mains. Les deux cours avaient le désir sincère de tarir par un accommodement solide la source de toutes les discussions qu'avait engendrées l'incertitude des limites entre le Brésil et le Paraguay. Les choses semblaient s'acheminer vers ce but si désirable. Il était facile de prévoir que les obstacles accessoires s'applaniraient aisément dès qu'on serait convenu des points principaux.

La cession du Sacramento devait être la base de l'accommodement. Ainsi le pensait le cabinet de Versailles qui était, en outre, d'avis que l'Espagne abandonnât au Portugal, comme équivalent, les rives du Rio Grande.

Le ministre Espagnol, de Florida-Blanca, allait plus loin. Il articulait la cession de l'île Sainte-Catherine ; c'était pour obliger la cour de Lisbonne à faire de son côté des propositions. Cette cour en mit en avant qui se rapprochaient du nœud du litige et pouvaient le terminer.

On tomba d'accord sur les points principaux. Il ne restait de difficulté que sur un différend d'expression à laquelle tenait la cour de Lisbonne. Cela ne tirait pas à conséquence. Aussi ce léger obstacle fut-il bientôt levé.

Le 1er décembre 1777, les deux puissances signèrent le traité préliminaire de Saint-Ildephonse, qu'elle ratifièrent le même mois. Ce traité régla toutes les contestations existantes et fixa les limites des deux états en Amérique. Le Portugal céda à l'Espagne la colonie du Saint-Sacrement avec la navigation exclusive des rivières de la Plata et de l'Uraguay, et l'île Saint-Gabriel, et renonça aux droits qu'il pouvait avoir sur les îles Philippines, Mariannes, etc. De son côté l'Espagne restitua l'île Sainte-Catherine et la partie du continent qui l'avoisine.

« Le traité de Sainte-Ildephonse fut confirmé, « le 14 mars, 1778, par celui d'amitié, de garan- « tie et de commerce signé par les mêmes plé- « nipotentiaires, à la maison de plaisance du « Pardo. Ce traité expliqua tout ce que les pré- « cédents renfermaient de dispositions peu clai- « res. Il établit entre les deux pays une garantie « réciproque de leurs possessions dans l'Améri- « que Méridionale et une alliance intime, et « leur assura tous les privilèges, franchises, im- « munités dont jouissaient les nations les plus « favorisées dans leurs domaines respectifs de « l'Europe. L'île d'Annobon, sur la côte d'Afri- « que, et celle de Fernando-Po, dans le golfe de « Guinée furent cédées à l'Espagne par l'arti- « cle 13 » (1).

(1) Schœffer. — *Hist. de Portugal.*

L'article 17 réservait l'accession à la France. Cette puissance avait contribué au rétablissement de la bonne harmonie entre l'Espagne et le Portugal ; il était juste qu'elle participât aux effets du dernier traité.

L'impression qu'en éprouvèrent les Anglais fut profonde. Ils en conclurent que le Portugal commençait à s'éclairer sus ses véritables intérêts, et qu'il ne serait plus désormais servilement assujéti à la Grande Bretagne. Les Portugais sensés y applaudirent ; car si la France et l'Espagne y gagnaient, le Portugal, de son côté y trouvait un avantage très-considérable, puisqu'il avait à meilleur marché et dans une plus grande abondance les objets qu'il était obligé de tirer de l'extérieur.